Maria-Élisa Hurtado-Graciet

Petit cahier d'exercices

pour pratiquer Ho'oponopono

Illustrations Jean Augagneur

jouvence éditions

Petit cahier
Sport cérébral du bien-être

Dans la même collection PETIT CAHIER

Petit cahier d'exercices pour se libérer de l'alcool, Carol Dequick
Petit cahier d'exercices pour développer un mental de gagnant, Nicolas Dugay
Petit cahier d'exercices pour découvrir ses talents cachés, Xavier Cornette de Saint Cyr
Petit cahier d'exercices de morphopsychologie, Patrice Ras
Petit cahier d'exercices d'art-thérapie, Alain Dikann
Petit cahier d'exercices pour surmonter la jalousie, Yves-Alexandre Thalmann
Petit cahier d'exercices pour oser changer sa vie, Christine Marsan

Catalogue gratuit sur simple demande

ÉDITIONS JOUVENCE
France : BP 90107 – 74161 Saint-Julien-en-Genevois Cedex
Suisse : 20 Rue François-Perréard - CP 227
1225 CHÊNE-BOURG/GENEVE
Mail : info@editions-jouvence.com

ISBN : 978-2-88911-666-9

Couverture : Éditions Jouvence
Mise en page : Stéphanie Roze
Dessins de couverture et intérieurs : Jean Augagneur

HO'OPONOPONO est un mot hawaïen qui signifie *corriger ce qui est erroné, revenir à la perfection*. Cette tradition nous indique que notre perception de la réalité est erronée car elle est déformée ou occultée par un nombre incalculable de mémoires ou programmes inconscients venus du passé. Pour pouvoir récupérer notre vision pure, elle nous propose de procéder à un nettoyage permanent de ces filtres qui déforment notre perception.

Mais notre principale erreur est d'avoir cru que nous sommes séparés de Dieu, du Soi, du principe Créateur ou de la Source * et, par conséquent, séparés les uns des autres. Cette pratique ancestrale nous invite à retrouver cette connexion avec la Divinité que nous avons tous à l'intérieur.

Vous trouverez plus d'information sur cet art hawaïen dans les ouvrages suivants aux Éditions Jouvence : Ho'oponopono « Le secret des guérisseurs hawaïens », Dr Luc Bodin & Marie-Élisa Hurtado-Graciet ; Sagesse et puissance de Ho'oponopono (jeu de cartes), Marie-Élisa Hurtado-Graciet & Jean Graciet ; Le grand livre de Ho'oponopono, Dr Luc Bodin, Nathalie Bodin & Jean Graciet.

* Cher lecteur, sentez-vous libre de remplacer les mots qui ne correspondent pas à votre système de croyances. Je vous invite à ne pas vous arrêter sur la terminologie employée pour aller à cet espace au-delà de ces mots, où il n'y a que l'expérience pure et là, un jour, où nous pourrons tous nous retrouver.

Le but de cette pratique : la paix intérieure

Avant de commencer la présentation des exercices pour pratiquer Ho'oponopono, permettez-moi d'apporter une précision concernant le véritable but de cette pratique.

Ce n'est pas qu'une « méthode » qui s'applique quand quelque chose ne va pas, comme le cachet que nous prenons quand nous avons mal à la tête. Ce n'est pas « la recette miracle » qui va nous permettre d'obtenir ce que nous voulons. Ce n'est pas non plus « la technique » que nous utilisons pour guérir notre prochain. Ce n'est pas tout ça, même si parfois les miracles dépassent nos attentes et peuvent se manifester de toutes ces façons. Dans ce conte, vous trouverez une piste vers où Ho'oponopono nous accompagne.

Conte de la pierre précieuse

Un homme d'une grande spiritualité, un Sannyasin, approchait de la périphérie d'un village en Inde…
Il s'installa pour la nuit sous un grand arbre quand, soudain, un villageois cria en courant vers lui :

– La pierre ! La pierre ! Donnez-moi la pierre précieuse !

– Quelle pierre ? demanda le Sannyasin.

– La nuit dernière, le seigneur Shiva m'est apparu en rêve, dit le villageois, et m'a dit que si j'allais à la périphérie du village à la tombée de la nuit, je trouverais un Sannyasin qui me donnerait une pierre précieuse. Cette pierre me rendrait riche pour le restant de ma vie…
Le Sannyasin fouilla dans son sac et en sortit une pierre :

– Il voulait probablement dire celle-ci, dit-il en tendant la pierre au villageois. Je l'ai trouvée dans un sentier de la forêt, il y a quelques jours. Tenez, je vous la donne, dit le Sannyasin en toute simplicité.
Le villageois regarda la pierre précieuse avec émerveillement : c'était probablement le plus gros diamant du monde. Il prit le diamant et s'éloigna rapidement.

Toute la nuit, il se retourna dans son lit, incapable de dormir.
Le lendemain, dès l'aube, il éveilla le Sannyasin et lui demanda :
– Donnez-moi plutôt la richesse intérieure qui vous permet de donner ce diamant avec autant de détachement.

HO'OPONOPONO *va nous conduire vers cette immense richesse qu'est la Paix intérieure et l'union avec le* TOUT.

Le nettoyage ou la «remise à zéro» du disque dur de l'ordinateur

Nous pouvons comparer le fonctionnement de notre esprit à celui d'un ordinateur.

La partie physique serait le cerveau et le système nerveux. La partie non physique rassemble les logiciels ou programmes qui seraient nos pensées, nos sentiments et émotions, nos souvenirs et croyances. Tout ce que nous avons emmagasiné dans le disque dur, c'est ce que nous appelons nos mémoires.

Nous arrivons tous avec des programmes de base qui nous servent à fonctionner presque de façon automatique (respirer, la circulation du sang, les battements de coeur, la digestion, etc.) et nous intégrons d'autres nombreux programmes au cours de notre existence.

Mais il arrive un moment où les programmes deviennent obsolètes et finissent par ralentir le fonctionnement.

Avez-vous remarqué comment votre ordinateur tourne au ralenti quand il y a beaucoup de programmes ouverts ou trop d'informations inutiles?

Les ordinateurs fonctionnent beaucoup mieux quand ils disposent d'une plus grande mémoire libre.

ÊTES-VOUS PRÊT À FAIRE LE MÉNAGE À L'INTÉRIEUR ?

ÊTES-VOUS D'ACCORD POUR RÉINITIALISER VOTRE ORDINATEUR ET AINSI POUVOIR INSTALLER DES NOUVELLES VERSIONS DU SYSTÈME D'EXPLOITATION ?

Nous allons supprimer TOUS les programmes de PEUR, de fuite ou de défense, pour laisser place à la confiance et à la certitude que l'AMOUR peut tout.

Si vous avez répondu Oui, allons-y, commençons la remise à zéro !

Soirée cinéma:

Trouvez le film « 2001, L'Odyssée de l'espace » et offrez-vous une soirée cinéma même si vous l'avez déjà vu. Observez ce qui se passe quand l'ordinateur, soit notre mental, croit qu'il a tout pouvoir et prend le contrôle de la navette spatiale. Heureusement, l'astronaute Bowman s'en aperçoit à temps et décide de le débrancher pour pouvoir continuer son voyage et arriver à destination. Délectez-vous pendant que Bowman désactive un à un les blocs mémoires de HAL, l'ordinateur de bord, et observez comment HAL essaye de le persuader. (Cela va refléter certaines réactions de votre mental qui tentera par tous les moyens de vous dissuader de poursuivre votre travail de désactivation des mémoires, ce que nous appelons le nettoyage.)

La fleur de Ho'oponopono

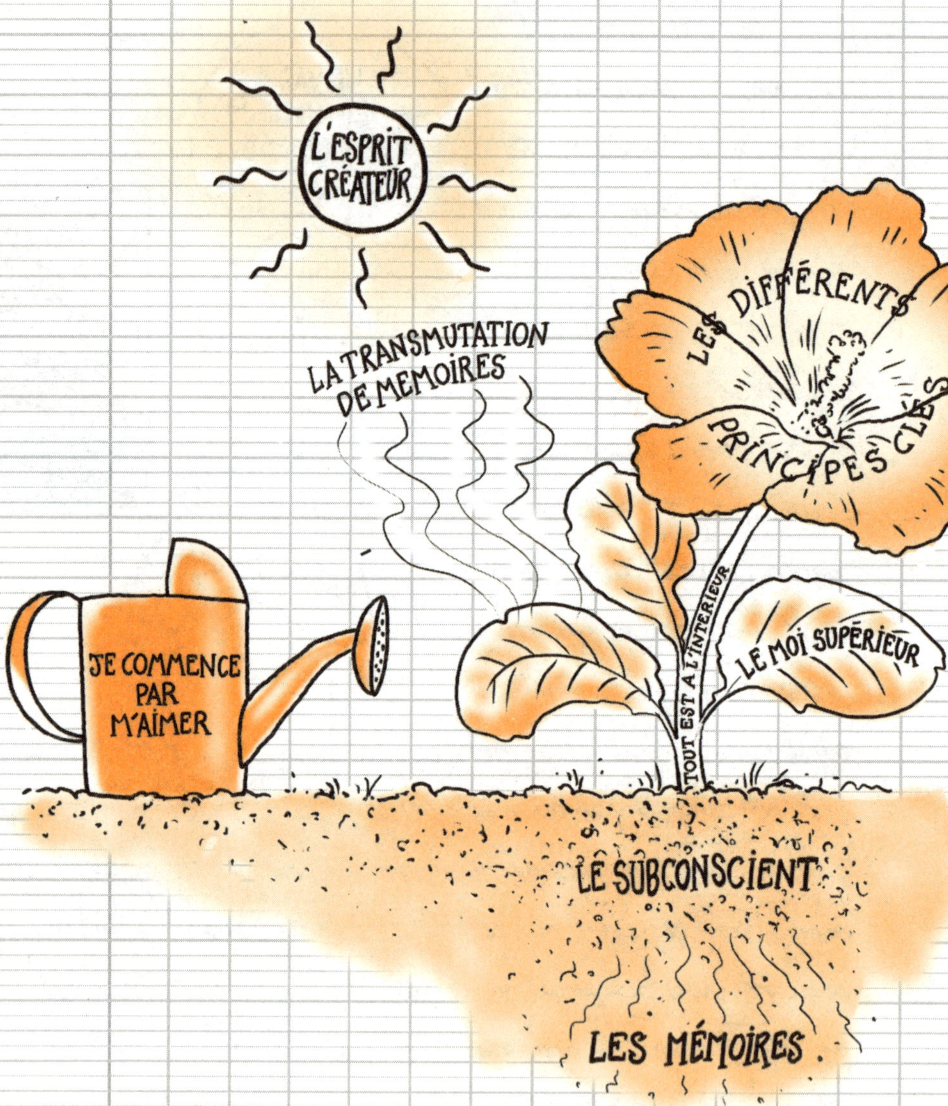

Les pétales : les différents principes clés

Je choisis la paix, je suis créateur, merci je t'aime, désolé pardon, ce n'est qu'une mémoire, je confie à mon âme.

La tige de la fleur : « Tout est à l'intérieur »

Cette tige nous rappelle que « Tout est à l'intérieur », c'est le pilier de Ho'oponopono sans lequel nous ne pourrions pas continuer. Sans tige, la fleur pousserait de travers ou elle ne tiendrait tout simplement pas debout. Ho'oponopono nous invite à nous recentrer à l'intérieur.

Remplir l'arrosoir : « Je commence par m'aimer »

Si nous voulons que la fleur grandisse, nous avons intérêt à l'arroser chaque jour.
Nous allons l'arroser avec notre amour. Comment arroser une fleur avec un arrosoir vide?
Je commence donc par m'aimer et seulement lorsque je suis dans cet état d'amour que je peux aimer les autres d'un amour véritable.
Je remplis mon arrosoir ! Je décide de m'aimer !

Les nutriments dans le terreau de notre subconscient

La fleur se nourrit grâce à la transformation des nutriments qui sont dans le sol.

Une plante qui est déracinée ne peut pas grandir. De la même façon, nous avons besoin de prendre racine dans nos profondeurs pour mieux atteindre les hauteurs.

C'est par la transformation de nos mémoires, enterrées dans notre subconscient, que nous allons grandir et évoluer.

Les feuilles de notre Moi supérieur et l'alchimie de la photosynthèse

La fleur réalise son alchimie grâce à la lumière du soleil. Elle va transformer les minéraux contenus dans le sol en matière organique par la photosynthèse.

Pour procéder à cette transformation, nous avons besoin de la lumière du soleil qui serait notre divinité intérieure, le principe créateur, la source de toute chose qui est pur Amour. C'est grâce aux feuilles (notre Moi supérieur) que la connexion se fait et par la lumière du soleil que se réalise l'alchimie de la transformation.

«Tout est une question de regard»

Cette fleur qui a besoin d'être arrosée me rappelle un joli conte qui vous aidera à prendre goût aux changements de perception.

Comme disait notre Petit Prince:

> «On ne voit bien qu'avec le coeur.
> L'essentiel est invisible pour les yeux.»

Petite histoire :

Le conte du pot fêlé

«Il était une fois une vieille Chinoise très pauvre qui habitait une petite maison.

Son mari avait creusé un puits près de cette maison, mais un jour son mari mourut et le puits s'assécha.

Depuis lors, elle devait aller chercher de l'eau à un ruisseau assez éloigné.

Pour transporter cette eau dont elle avait besoin tous les jours, elle avait acheté deux grands pots.

Elle suspendait chaque pot à l'un des deux bouts d'une perche qu'elle portait appuyée derrière son cou. Mais l'un des deux pots était fêlé et l'autre, en parfait état. Ce dernier était bien plein quand elle était de retour dans sa maison, par contre, le pot fêlé, à la fin de la longue marche de retour du ruisseau jusqu'à la maison, était à moitié vide.

La pauvre Chinoise ne ramenait donc chez elle qu'un pot et demi d'eau.

Or, voyez-vous, en Chine, les pots pensent.

Oui, dans leur panse, ils pensent.

Le pot qui n'était pas fêlé était très fier de lui, de ce merveilleux travail qu'il accomplissait.

Et il se moquait de l'autre pot, il lui disait : un jour, elle va te jeter dans le fossé et en acheter un autre.

Cette femme était pauvre, mais c'est vrai qu'elle aurait pu tout de même s'acheter un autre pot.

Le pot fêlé avait honte de son défaut. Il aurait bien voulu ramener autant d'eau que l'autre.

Et il avait très peur d'être jeté.

Pourtant la vielle Chinoise ne semblait pas y faire attention.

Jamais elle ne parlait de le jeter.

Elle continuait chaque jour à aller chercher son eau, en suivant toujours le même chemin.

Elle portait toujours les deux pots de la même façon : le pot fêlé à sa gauche et le pot intact à sa droite.

Au bout de deux ans, alors qu'elle était au bord du ruisseau et prenait le pot fêlé pour le remplir, ce dernier dit à la vieille Chinoise :

« J'ai honte de moi ! J'ai honte parce que par ma fêlure, la moitié de mon eau s'échappe le long du chemin pendant que tu reviens à la maison. Je te suis bien moins utile que l'autre ! Pourquoi ne dis-tu jamais rien ? Pourquoi ne m'as-tu pas jeté ? »

Alors la vieille Chinoise sourit et dit au pot fêlé: «J'ai toujours su que tu étais fêlé et que tu perdais de l'eau sur le côté gauche du chemin pendant le retour. Alors j'ai semé des fleurs de ce côté-là et, chaque jour, tu les as arrosées. N'as-tu pas remarqué qu'il y a des fleurs de ce côté-là du chemin et pas de l'autre?

Ainsi, depuis deux ans, j'ai de belles fleurs pour décorer ma maison. Sans toi, je ne vivrais pas dans toute cette beauté.»

Rappelez-vous: Les fêlés sont des semeurs de beauté!

Est-ce que vous êtes prêts à aimer vos propres fêlures?
Avez-vous pensé à les remercier?
Et à les aimer?

Exercice : Aimer nos fêlures.

Faites la liste de vos fêlures (tous les défauts et tous les reproches) que vous n'arrivez pas à vous pardonner. Voici quelques exemples :

- Mon corps est trop gros, maigre, vieux, flasque, …

- Je me laisse toujours emporter par la colère.

- Je suis désordonné.

- Je n'aurais pas dû faire/dire/penser…

- J'aurais dû faire/dire/penser…

« Je suis désolé de toutes ces pensées de non-amour que j'ai pour moi-même, je suis désolé de cette culpabilité faite de reproches et cette difficulté à m'aimer. Je demande pardon, ce qui veut dire : je demande que toutes mes pensées soient corrigées et purifiées. Merci. Je décide de m'accepter et de m'aimer. »

Pendant quelques jours, à chaque fois que vous observez des pensées de non-amour envers vous-même, répétez quelques fois cette phrase tout en tapotant sur le point karaté.

Nos pensées, conscientes et inconscientes, créent notre réalité

Comme la science nous le confirme aujourd'hui, le monde qui nous entoure est une création de nos pensées. Nous constatons même que ces manifestations se font de plus en plus vite.

Qui d'entre vous n'a pas eu l'agréable surprise de recevoir un coup de fil de la personne à qui vous veniez juste d'y penser?

Le problème est que notre subconscient est rempli d'émotions et de croyances du passé, et elles, aussi, se manifestent dans notre vie.

Nous nous demandons alors, ce que nous pouvons faire de toutes ces mémoires si elles sont inconscientes.

C'est très simple!

Nous pouvons utiliser « les manifestations » que nous voyons à l'extérieur car nous savons qu'elles sont les projections de nos mémoires réactivées.

De la même façon que l'image projetée sur un écran par le rétroprojecteur n'est que la manifestation de la diapositive qui est à l'intérieur de l'appareil.

Chaque image ou situation rencontrée nous permet de nettoyer la mémoire qui l'a créée.

C'est ainsi que TOUT devient une opportunité pour notre évolution.

Il suffit de la saisir à chaque instant.

Simple! Mais peut-être pas si facile que ça!

Exercice : Reconnaître nos créations.

Mais comment ai-je fait pour créer cela ?
Repérez les derniers événements que vous avez vécus et marquez-les dans ce cadre.

Exemples : L'embouteillage sur l'autoroute, la panne de l'imprimante, l'énervement de votre conjoint, mais aussi ce coucher de soleil magnifique, le bouquet de fleurs sur la table en rentrant, le coup de fil de votre amie d'enfance…
Ne portez pas de jugements, du style c'est bien ou c'est mal, ne cherchez pas non plus à les analyser, redevenez enfant et notez juste ce qui vous est arrivé dernièrement.
Observez ces événements comme étant vos créations.
Vous avez le droit d'exprimer votre étonnement : *Mais comment j'ai fait pour créer cela ?*

Parmi les situations que vous avez marquées, identifiez celles pour lesquelles vous avez du mal à accepter votre entière responsabilité ? De quoi pensez-vous ne pas être responsable ?
Vous allez détecter ainsi ces parts d'ombre qui nécessitent tout votre amour et votre attention.

Quand nous prenons la responsabilité à 100% de tout ce qui nous arrive, nous sortons automatiquement de notre rôle de victime et nous récupérons le pouvoir sur notre vie.

Avertissement : J'insiste sur le fait que « responsable » ne veut pas dire « coupable ».

Je suis responsable de ma perception, des jugements et opinions que je pose sur les événements et les personnes. Cette perception devient ma réalité à chaque instant.

Si je change ma perception, ma réalité change.

Petit exercice d'acceptation de soi

Tapotez avec les doigts d'une main le point karaté de l'autre main et en même temps, dites :
« Même si j'ai du mal à accepter ma totale responsabilité dans certaines situations, je m'aime et je m'accepte complètement » (répétez trois fois).

Quand nous sommes dans cette conscience d'être responsable de nos pensées et, par conséquent, de ce qu'elles manifestent à l'extérieur, nous savons qu'en changeant nos pensées, le monde autour va changer.

Mais parfois nous oublions et croyons que la cause de nos problèmes se trouve à l'extérieur.

Le « nettoyage » ou « le changement » commence toujours à l'intérieur

Quand vous décidez de faire le ménage dans votre maison, est-ce que vous allez chez le voisin pour lui suggérer de passer l'aspirateur ou de laver les vitres ?

Cette question peut paraître ridicule mais nous tombons très souvent dans le piège de vouloir changer les autres ou les circonstances extérieures pour nous sentir mieux.

Exercice :

Faisons un petit inventaire des affaires courantes qui vous préoccupent ou vous dérangent, et observez si le changement que vous attendez est à l'extérieur ou à l'intérieur de vous.

Situation	Quel changement j'attends ?	Où se trouve le changement ?*	
		Extérieur de moi	**Intérieur de moi**
Mon fils	Qu'il trouve du travail	X	
Je suis trop gros	Mincir	X	
Le chien du voisin	Qu'il arrête d'aboyer	X	

....

....

....

....

....

* Pour faire cet exercice, nous allons considérer que « l'intérieur de moi » est cette partie essentielle et éternelle qui est « notre conscience » et, par conséquent, que le corps comme une enveloppe est à « l'extérieur de moi ».

Pour chaque situation où vous avez répondu « à l'extérieur », observez:

Comment vous sentez-vous? Responsable ou victime?

Comprenez bien que « responsable » peut s'entendre comme étant capable de répondre. Je suis responsable de la façon dont je regarde cette situation et de toutes les pensées que je porte sur elle.

Qu'est-ce qui se passerait si, au lieu de chercher des solutions à l'extérieur, vous commenciez par créer un changement intérieur, soit dans la façon de regarder ou de vivre cette situation ?

Fermez les yeux et allez à l'intérieur, et posez-vous cette question :

Quand je pense à ce problème qui me préoccupe, qu'est-ce que je ressens ? Quelle est mon émotion ?

C'est à travers cette autorisation à ressentir que je commence à aller à l'intérieur.

Et si nous commencions par accepter ce qui est?

Quand je suis dans la « non-acceptation », je suis dans la négation de ce qui est et je suis, par la même occasion, en train de renforcer le sentiment de séparation.

Dès qu'il y a non-acceptation, il y a conflit et la paix n'a plus sa place.

Tout ce à quoi je résiste, persiste.

Quand je pense à «quelque chose», même sous forme de résistance, je continue de le créer.

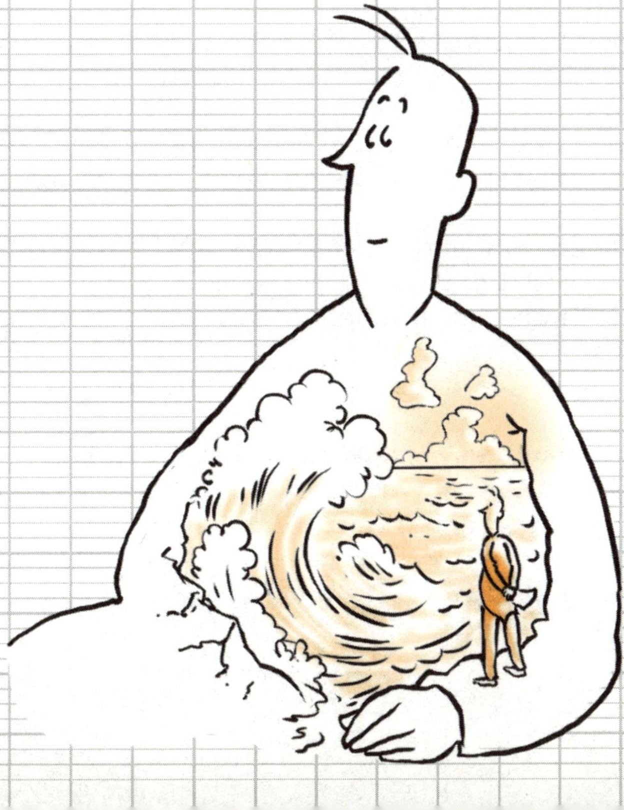

Exercice : Expérimenter la résistance et l'acceptation.

Pour faire cet exercice, vous pouvez reprendre le problème de l'exercice précédent, ou bien chercher autre chose qui vous dérange en ce moment et que vous avez du mal à accepter. Cherchez bien et ne continuez pas la lecture avant d'avoir trouvé un exemple.
Marquez-le sur une feuille et évaluez le niveau de résistance ou de non-acceptation :
10 étant le maximum de résistance et
0, l'acceptation totale.

A) Sentez votre résistance !
Permettez-vous de ressentir cette résistance complètement.
Allez dans votre corps. **Elle se situe à quel endroit ?**
Est-ce que vous pouvez renforcer votre résistance encore un peu plus ? Et encore ?
Et encore un peu plus ?
Pour vous aider, dites : NON, NON dans votre tête.
Vous pouvez aussi serrer les poings. Fort, fort… Sentez la résistance.
Poussez ! Poussez ! Et encore, et encore un peu plus !
Non, ce n'est pas un accouchement, mais presque !

B) Et maintenant, relâchez, ouvrez, accueillez, permettez « ce qui est » d'être là.
Ouvrez les mains et sentez aussi une ouverture à l'intérieur.
Observez ce qui est là de façon neutre et tranquille, sans juger.
Est-ce que vous pouvez dire OUI à cela ?
Aimer, c'est l'acceptation totale.
Ouvrez-vous de l'intérieur en disant OUI.
Est-ce que vous pouvez sentir ce OUI à l'intérieur en ouvrant les mains ?
Et encore ? Et encore un peu plus ?

Répétez A) et B) deux fois encore.
Puis, fermez les yeux et respirez de façon lente et profonde pendant quelques secondes.
Vous avez expérimenté deux façons de vivre les choses.
Laquelle des deux choisissez-vous ?

Cet exercice doit être fait plusieurs fois par jour pendant quelques jours pour qu'il devienne automatique.
Chaque fois que vous sentez que vous rentrez dans la résistance, vous pourrez recommencer :
Serrez les poings…, ouvrez les mains…, serrez les poings…, ouvrez les mains…
Je m'accroche…, je lâche…, je m'accroche…, je libère…, je m'accroche…, je libère…
Alors ? Qu'est-ce que je fais ?

J'ai toujours le choix.

Quand je rencontre un problème, je peux prendre conscience du fait que ce qui me pose problème n'est pas vraiment ce que je crois, c'est-à-dire ce que je vois à l'extérieur, mais ce sont les mémoires que j'ai à l'intérieur qui, en se manifestant d'une certaine façon, me font voir la situation comme un problème.

Et si je prends conscience que les mémoires ne sont que des mémoires, c'est-à-dire des souvenirs du passé, et qu'elles ne sont pas ma véritable identité, et si je me souviens que je suis bien plus que cela, alors:

Je sais que j'ai le choix!

Soit je me laisse diriger par mes mémoires

Soit je décide de les libérer

Cette liberté de choix est le grand cadeau que la prise de responsabilité nous apporte.
La fonction de notre mental conscient est de faire ce choix à chaque instant.

Exercice : J'ai le choix.

Pensez à un problème ou à une difficulté dans votre vie. Notez-les.

Prenez conscience que derrière ce problème ou cette difficulté, il y a des mémoires qui se sont activées. Maintenant, vous pouvez vous demander :

Ces mémoires qui se manifestent ainsi dans ma vie, qu'est-ce que je décide d'en faire ?

- ☐ *Est-ce que je veux les garder ?*
- ☐ *Est-ce que je m'accroche ?*
- ☐ *Ou bien, je décide de les libérer ?*
- ☐ *Ou bien, je confie le nettoyage à ma divinité intérieure ?*

Si vous avez répondu « oui » aux questions de droite, cela veut dire que vous êtes prêt à lâcher les ballons. Vous avez toujours le libre arbitre, c'est vous qui décidez.

Exercice : Lâchez les ballons.
Ce n'est qu'une mémoire, je décide de la libérer.

Imaginez que vous déposez dans un panier toutes les mémoires qui sont en relation avec la situation que vous venez de noter.

Vous attachez ce panier à des ballons gonflés à l'hélium. Vous pouvez renouveler l'exercice précédent de tapotement sur le point karaté.

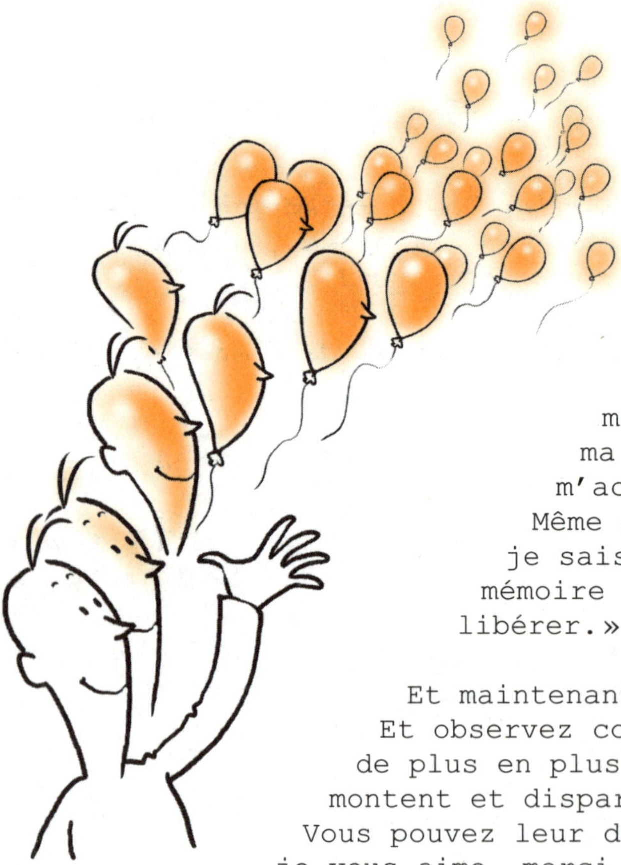

« Même si j'ai ce problème, je sais que cela n'est qu'une manifestation de mes mémoires et je m'aime, et je m'accepte profondément,

Même si j'ai toutes ces mémoires qui se manifestent ainsi dans ma vie, je m'aime et je m'accepte comme je suis. Même si j'ai ce problème, je sais que ce n'est qu'une mémoire et je décide de la libérer. »

Et maintenant, lâchez ces ballons ! Et observez comment ils deviennent de plus en plus petits à mesure qu'ils montent et disparaissent dans le ciel. Vous pouvez leur dire : « Adieu… Merci, je vous aime, merci, je vous aime… »

La relation avec l'enfant intérieur

Les mémoires sont logées dans notre subconscient. Les Hawaïens utilisent le mot «Unihipili» qui signifie enfant pour nommer cette partie de nous.

Cultiver une bonne relation avec notre enfant intérieur est fondamental pour que le processus de nettoyage se fasse de façon fluide. Si notre enfant intérieur est renfermé ou s'il a perdu confiance, nous aurons du mal à déclencher le processus de libération et à lâcher prise. Il a besoin d'être reconnu, écouté et rassuré. En un mot, il a besoin d'être aimé.

Exercice: Dialogue avec notre enfant intérieur

Dans la journée, vous pouvez lui parler de cette façon:

«Je sais que tu es là, que tu existes… Pardonne-moi si parfois j'ai tendance à t'oublier.

Je t'aime et je te remercie de m'aider à lâcher les mémoires et à nettoyer toutes celles qui méritent d'être nettoyées.

Je sais que tu es là, je suis à ton écoute. Dis-moi, est-ce que tu as quelque chose à me dire?
Tu as le droit de ressentir ce que tu ressens. Tu peux accueillir et ensuite laisser partir… Merci, je t'aime. Merci, je t'aime…»

L'enfant intérieur est le siège de nos émotions.

Permettez-vous de les accueillir, de les ressentir et cessez de lutter contre elles. C'est la meilleure façon de les libérer.

Et surtout, donnez-lui tout votre amour et votre attention.

Prenez soin de lui.

Une merveilleuse technique pour accueillir et libérer les émotions est l'EFT. (Voir le livre aux Éditions Jouvence : L'EFT, Mode d'emploi, Dr Luc Bodin & Maria-Elisa Hurtado-Graciet.)

L'exercice que nous avons utilisé pour la résistance et l'acceptation peut être utilisé aussi pour accueillir les émotions. (Voir pages 26 et 27).

Le soir :

De quelle façon ai-je communiqué avec mon enfant intérieur aujourd'hui ?
Est-ce que j'ai été à l'écoute de mon corps, mon ressenti et mes émotions ?
Ou bien, ai-je tendance à me couper de cette partie de moi ou à la nier ?
De quelle façon est-ce que je peux cultiver et améliorer cette relation ?

Observez dans les jours qui suivent les réponses qui viennent à vous.
Ne laissez passer plus aucun jour de votre vie sans avoir consacré du temps à cet enfant intérieur. C'est grâce à lui que vous pourrez conserver le lien avec votre divinité.

Cultiver la connexion avec l'âme ou le Moi supérieur

Nous avons tous, en nous, une partie qui se trouve à un niveau supérieur et qui est directement reliée à Dieu, la Source ou le Soi. C'est le supraconscient, que nous pouvons appeler aussi l'âme ou le Moi supérieur.

Quand nous faisons le choix de libérer nos mémoires, nous sommes en train de les confier à notre âme et, aussi, à la divinité pour qu'elles soient transmutées.

Avec la pratique, nous allons développer de plus en plus de confiance dans cette partie de nous, qui sait mieux que notre mental ce qui est bon pour nous.

Exercice: La pratique du matin.

Cette pratique, qui prend moins d'une minute, a changé ma vie.
Chaque matin, avant de poser le premier pied par terre, je confie ma journée à mon esprit infini (mon âme, mon Moi supérieur).

Je lui passe les rênes de tous les choix, toutes les actions de ma journée.
Cela ne veut pas dire que je ne fais plus rien, mais que mes actes sont dirigés par lui.
Je me mets à son service et cela change tout.
Tous les «je veux» ou «je ne veux pas» se dissolvent. Et tous les «je ne peux pas», aussi.
Je suis l'instrument d'une énergie bienveillante qui, en même temps, me soutient et me guide.

Exercice: Durant la journée.

À chaque fois que je dis «Merci», à chaque fois que je dis «Je t'aime», ces simples mots suffisent à me relier au sacré en moi.Profitez de chaque moment de pause, quand vous marchez dans la rue, ou quel que soit le mode de transport, récitez le mantra et portez votre attention à votre respiration:
J'inspire (Merci) et j'expire (Je t'aime).
Par ce simple exercice de conscience, vous vous connectez à votre Moi supérieur et, en même temps, à votre divinité intérieure.
C'est de cette façon que vous allez créer «le réflexe» de tout lui confier.

L'humilité de « ne pas savoir » me permet de lâcher les attentes.

Ho'oponopono nous invite à incarner cette attitude.

Comme disait Socrate : « Tout ce que je sais c'est que je ne sais rien ».

En réalité, nous ne savons pas ce qui se passe, tellement il y a de choses qui échappent à notre « conscient ». C'est pour cette raison que j'ai tout intérêt à me confier à cette partie de moi qui se trouve à un autre niveau.

Quand je suis dans le « non-savoir », je suis sans attentes et dans ce vide que j'ai créé, je vais pouvoir accueillir l'inspiration.

Exercice : La journée du non-savoir.

Amusez-vous à passer une journée en ayant dans votre esprit cette notion de non-savoir.
J'utilise souvent des Post-it pour ce genre d'exercice car cela m'aide à m'en souvenir.
Chaque fois que vous vous surprenez à faire des suppositions, des interprétations ou à donner des conseils savants, arrêtez tout de suite ce programme et dites-vous : « Je ne sais rien ».
Observez tous les possibles que cette attitude de non-savoir vous procure et décidez si vous souhaitez l'adopter.

Le pardon de Ho'oponopono

Pardonner, c'est corriger nos erreurs de pensée.

Quand je demande pardon, je demande à corriger mes erreurs de pensée et je donne la permission à ma divinité intérieure de le faire.

Et comment faire pour détecter mes erreurs de pensée ?

Miroir, miroir...

« Il y a une façon très simple de trouver la porte du pardon véritable et de la percevoir grande ouverte en signe de bienvenue. Quand tu sens que tu es tenté d'accuser quelqu'un de pêcher sous quelque forme que ce soit, ne permets pas à ton esprit de s'attarder sur ce que tu penses qu'il a fait, car c'est une tromperie de soi. Demande plutôt : « Est-ce que je m'accuserais d'avoir fait cela ? ».

Le « nettoyage de Ho'oponopono » défait la culpabilité en nous, celle que nous avions projetée sur les autres. En corrigeant nos erreurs de pensée, nous sommes en train de nous pardonner.

Peut-être les défauts que l'on voit chez les autres nous montrent-ils les parties de nous qui ont besoin d'être guéries. La main tendue dont l'index pointe vers l'autre dans un geste accusateur. Observez les trois autres doigts repliés sur eux-mêmes qui indiquent une autre direction : vous-même. Ce qui veut dire que juger les autres, c'est se juger soi-même. Les défauts que l'on voit chez les autres ne sont que le reflet de nos propres défauts.

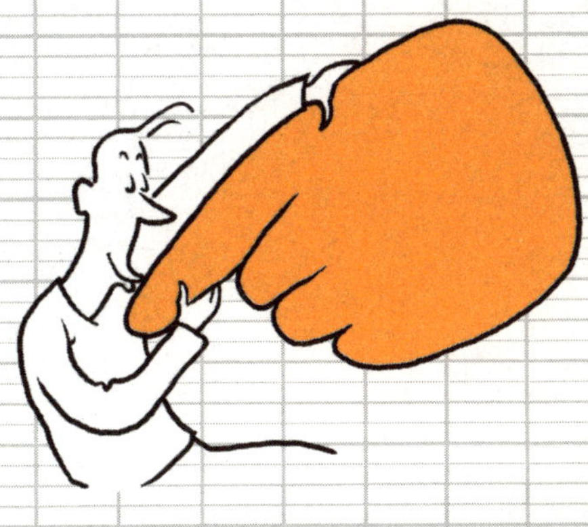

Exercice: Accueillir la part d'ombre.

Faites une liste de défauts que vous voyez chez les autres et qui vous dérangent particulièrement. Marquez votre définition de chaque défaut. Posez vous ces questions :
- Que veut-il dire pour moi ? Comment je m'en aperçois ?
- Est-ce que cela me rappelle une personne et un souvenir en particulier ?

Observez ce que ce problème soulève en vous en terme d'émotion ou de ressenti.
- Quand je pense à cela, qu'est ce que je ressens?

Défauts	Ma définition

Souvenir	Ressenti

Bravo !
Vous avez commencé à aller à l'intérieur de vous même!

Maintenant, vous commencez à comprendre que ce qui vous dérange est votre propre perception qui est conditionnée par vos mémoires.
Rappelez-vous que vous avez le choix.

Soit, vous continuez de mettre la cause à l'extérieur et vous continuez de porter des jugements sur les autres et vous nourrissez le conflit.
Soit, vous décidez d'apporter l'amour et la guérison à la partie de vous qui est en souffrance et vous trouverez la paix.

Le lâcher-prise: J'appuie sur le bouton «nettoyer».

Le «lâcher de ballons» est une des étapes fondamentales dans la pratique de Ho'oponopono après laquelle nous n'avons rien d'autre à faire.
En vérité, la pratique de Ho'oponopono est si simple que c'est peut-être cette simplicité qui la rend difficile.
Nous pouvons résumer cette pratique à deux points essentiels:
Prendre la responsabilité à 100% de tout dans notre vie et, ensuite, confier la transformation de nos pensées erronées à l'Intelligence universelle.

Ce lâcher-prise pourrait se représenter avec le geste «d'appuyer sur le bouton» qui va déclencher le processus de nettoyage.

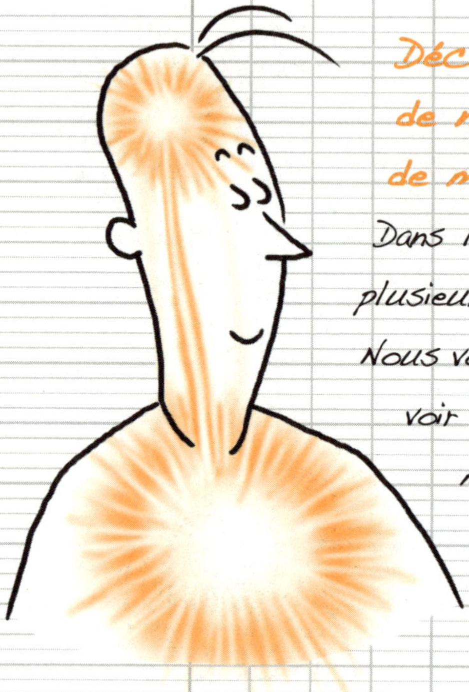

Déclencheurs du processus de nettoyage ou transmutation de mémoires.

Dans les pages qui suivent, nous présenterons plusieurs façons «d'appuyer sur le bouton». Nous vous invitons à les expérimenter pour pouvoir adopter celles qui vous conviennent le mieux. Rappelez-vous que «nous avons tout en nous» et que le but de Ho'oponopono est de rétablir la connexion avec notre sagesse intérieure, qui se manifeste sous forme d'inspiration. C'est elle qui nous aidera à reconnaître ce qui est juste et utile pour nous dans chaque situation.

Exercice : La bonne question

Chaque fois que vous rencontrez un problème, au lieu de vous demander :
Pourquoi moi ? Cette question vous met dans le rôle de victime et vous rend impuissant.
Posez-vous la question qui vous amènera directement à l'action de «nettoyer» :
«Comment est-ce que je peux nettoyer cela ?»
Soyez à l'écoute des nouvelles idées qui vous viendront pour vous aider à «nettoyer».

Une anecdote

Il y a quelques années, je suivais une formation. Pour obtenir le diplôme, je devais passer une mise en pratique devant le professeur.

Mais ce professeur était si exigeant que je perdais tous mes moyens en sa présence (il devait faire remonter de nombreuses mémoires en moi). Lors d'un échange avec une amie, j'ai compris que le mot «cacahuète» me faisait rire à l'intérieur et m'aidait ainsi à relativiser.

Cela va vous faire sourire, mais j'ai passé dix jours à répéter «cacahuète, cacahuète, cacahuète» à l'intérieur de moi, alors qu'un grand sourire s'affichait sur mes lèvres au plus grand étonnement des autres participants à la formation.

Je ne connaissais pas Ho'oponopono à l'époque mais je savais que j'étais la seule responsable de mon stress et j'avais décidé de libérer tout ce qui le générait à l'intérieur de moi. Je faisais Ho'oponopono sans le savoir!

Différentes clés pour déclencher le processus de nettoyage.

L'essentiel: JE PRENDS LA RESPONSABILITÉ À 100%

«Je suis désolé, s'il te plaît, pardonne-moi pour tout ce que j'ai en moi qui a créé ou attiré cela dans ma vie. Je t'aime. Merci.»

Les quatre mots: désolé, pardon, merci, je t'aime

Ces quatre mots résument la phrase précédente, nous pouvons les dire dans n'importe quel ordre ou bien, nous pouvons dire seulement un ou deux d'entre eux.

Désolé

Dans la vie de tous les jours, nous employons ce mot pour nous excuser de quelque chose que nous avons fait à quelqu'un d'autre.

Quand je pratique Ho'oponopono, tout se passe à l'intérieur. Je m'adresse ces mots et en les disant, je suis en train de reconnaître que je suis 100% responsable.

Pardon

Le mot pardon est composé de Par et Don, il s'agit d'une offrande, c'est par-(le)-don de tous les jugements, interprétations et ressentiments qui viennent des mémoires du passé que nous ouvrons notre coeur et permettons leur transformation en lumière.

Quand nous demandons pardon, nous demandons que toutes nos erreurs de pensée, causées par des mémoires du passé, soient corrigées.

Merci

La gratitude est la meilleure prière qui soit.

Je remercie cette situation qui est la manifestation de mes mémoires inconscientes car grâce à elle, je peux déclencher le processus de transmutation.

Tout devient ainsi une opportunité de «nettoyer». Ce simple mot peut changer votre vie.

Quand nous disons **Merci** à la vie, elle entend notre prière et nous donne encore plus de raisons de continuer de le dire.

Exercice : Expérimenter la gratitude durant 24 h.

Offrez-vous cette expérience : Engagez-vous à dire MERCI à chaque situation que vous rencontrerez durant la journée de demain, qu'elle soit agréable ou désagréable. Dites-lui : MERCI.
Faites-le pendant toute une journée et essayez de vous amuser. Observez la différence et décidez si ça vaut la peine de l'adopter pour le lendemain.

Je t'aime

L'amour est la force la plus puissante de l'Univers.
Nos ennemis ne sont pas à l'extérieur, nos principaux ennemis sont nos mémoires et la meilleure façon de les transformer est de les aimer car : « Si tu aimes ton ennemi, tu n'as plus d'ennemis ».
Dites : « Mémoires, je vous aime » et vous les verrez se dissoudre peu à peu.

Exercice : la transformation par l'AMOUR.

Faites à nouveau l'exercice sur l'acceptation en début du cahier (voir pages 26 et 27) en remplaçant le mot OUI par JE T'AIME.

La prière de Morrnah, la créatrice de la version actualisée de Ho'oponopono.

« Divin créateur, père, mère, fils tous en un... si moi, ma famille, mes proches ou mes ancêtres vous avont offensés, vous, votre famille, vos proches et vos ancêtres, par des mots ou des actions depuis des temps jusqu'à nos jours, nous vous demandons pardon...
Nettoyons, purifions, relâchons, supprimons toutes ces mémoires négatves, blocages, énergies et vibrations négatives et transmutons ces énergies non désirées en pure lumière... Et ainsi soit-il ! »

L'eau bleue solaire

Remplissez d'eau une bouteille en verre de couleur bleue en veillant à ce que le bouchon ne soit pas métallique et exposez-la au soleil pendant une heure. Une fois solarisée, vous pouvez diluer un peu de cette eau dans d'autres bouteilles d'eau et elle aura le même effet. Cette eau permet de nettoyer les mémoires. Vous pouvez la boire, l'utiliser pour cuisiner, laver les légumes et, même, vous en asperger le corps après la douche.

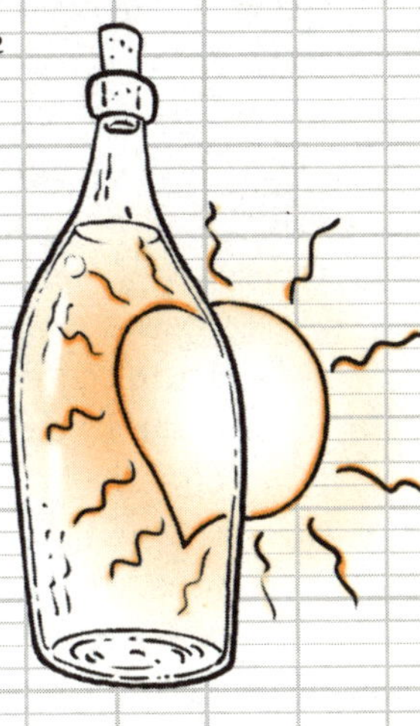

La respiration consciente

Une respiration consciente est déjà une méditation en soi, mais c'est aussi un excellent «outil de nettoyage». Dès que nous portons notre attention sur notre respiration, nous revenons instantanément au moment présent, le mental lâche prise, passe le relais au Moi supérieur et la libération se fait.

Exercice

Le lever ou le coucher sont des moments privilégiés pour pratiquer cette respiration consciente, mais aussi tout moment dans la journée, ceci ne prend que quelques minutes.

Installez-vous confortablement en relâchant les épaules, le buste droit.

1- Commencez par inspirer profondément par le nez en étant focalisé le plus possible sur l'air qui entre et remplissez complètement vos poumons. Puis gardez l'air 5 ou 6 secondes dans vos poumons.
2- Ensuite, expirez cet air très lentement en commençant par le ventre de façon à vider complètement vos poumons. Restez encore 5 ou 6 secondes les poumons vides d'air,puis inspirez à nouveau.
3- Faites une dizaine de respirations.

Un jeu de cartes

(Une solution simple et amusante pour créer l'automatisme de nettoyer au quotidien).

Vous pouvez recenser les phrases clés de cette pratique et les écrire sur des petits cartons.

Ainsi, devant une situation qui vous pose problème ou bien chaque matin avant de commencer la journée, vous pouvez tirer une carte et vous laissez inspirer par le message qu'elle vous apporte. Elle sera ainsi «le déclencheur du nettoyage».

C'est de cette façon que le jeu de cartes Ho'oponopono est né, il y a quelques années. Il a été le fruit de l'inspiration pour nous aider à intégrer le réflexe de pratiquer au quotidien.

Pour plus d'informations, voir le jeu de cartes intitulé: Sagesse et puissance de Ho'oponopono, Maria-Élisa Hurtado-Graciet & Jean Graciet, Éditions Jouvence.

Le verre d'eau

Vous pouvez dédier un coin dans votre maison, à l'abri des regards, à cette pratique. Vous créez un espace sacré où vous pourrez déposer et confier vos problèmes et/ou vos inquiétudes, vos attentes et projets pour les «nettoyer».

Exercice avec le verre d'eau

Marquez sur une feuille le sujet que vous souhaitez traiter et déposez dessus un verre rempli aux trois quarts avec de l'eau du robinet. Vous confiez ainsi à l'eau la transmutation des mémoires en relation avec le sujet. C'est une merveilleuse façon de lâcher prise.

Vous changez l'eau matin et soir (ou plus souvent, si vous le jugez nécessaire) et vous la versez dans les toilettes, sur une plante ou dans le jardin.

Crayon avec gomme à effacer

Ce procédé s'utilise en priorité pour les dettes, les contrats, les démarches administratives, les examens ou les résultats scolaires: tout document en papier qui représente la situation à «nettoyer». Vous pouvez aussi consacrer un petit cahier à cet effet sur lequel vous marquerez au fur et à mesure les sujets que vous souhaitez traiter.

Exercice avec le crayon-gomme

Prenez un crayon qui porte au bout une gomme à effacer. Imaginez que vous déposez une goutte de rosée sur la gomme. Tapotez avec la gomme sur le dossier pendant que vous dites :

« Divinité en moi, s'il te plaît, nettoie en moi toutes les mémoires qui sont en relation avec cette affaire ou ce dossier. Je demande pardon pour toutes les pensées erronées que j'ai en relation avec cela. Je décide d'aimer toutes ces manifestations car elles sont une opportunité de libérer mes pensées erronées. Merci. C'est fait. »

Précision : Rappelez-vous que vous ne le faites pas pour obtenir un résultat particulier mais pour effacer les mémoires qui sont en train de se manifester.

Rire, sourire, chanter et danser

Le rire est un de meilleurs outils de nettoyage qui existe. Si vous arrivez à rire de vos problèmes, vous pouvez être sûr que vous les avez pratiquement résolus.

Quand on rit de bon coeur, on ouvre grand les portes et la libération se fait toute seule.

C'est la même chose pour sourire, chanter et danser. Nous n'avons pas besoin de plus d'explications, la meilleure façon de comprendre consiste à l'expérimenter.

Exercice avec le SOURIRE

Gardez le sourire pendant 90 secondes et répétez «merci, je t'aime» et observez ce qui se passe.

Vous pouvez appliquer le sourire à toute situation mais aussi sur vous, sur un organe ou une partie de votre corps en souffrance. Observez le changement d'énergie qui se produit.

Ce n'est pas étonnant que tant de messages et SMS de nos jours se finissent par ☺.

Quelques mots ou phrases «déclencheurs» du processus.

En outre, vous pouvez utiliser d'autres mots pour déclencher le processus de nettoyage. En voici quelques-uns à titre d'exemple:

Le mot HO'OPONOPONO:

Ho'o: Faire que quelque chose arrive, causer

Pono: Correct, perfection (le dire deux fois renforce l'intention)

Nous allons répéter ce mot pour faire ce qui est correct, pour causer la perfection.

Vous pouvez utiliser ce mot pour déclencher le processus de libération des mémoires.

Pluie fine

Ces mots peuvent être utilisés pour libérer les mémoires en relation avec l'argent. Elles sont souvent liées à la peur d'en manquer ou à une mauvaise relation avec l'argent et ce qu'il représente. Ces mots peuvent nous aider à récupérer la confiance en la vie, ils nous rappellent comment la pluie fine apporte l'abondance dans la nature.

Exemple d'utilisation pour des difficultés financières:

Posez-vous les questions suivantes :
« Qu'est ce qui se passe en moi qui ait pu causer toutes ces difficultés financières ? Comment est-ce que je peux corriger en moi les erreurs de pensées qui sont à l'origine de tout cela ? Et répétez ensuite :
PLUIE FINE, PLUIE FINE, PLUIE FINE... »

Précision : C'est important de lâcher toute attente. Nous n'utilisons pas cet outil pour obtenir de l'argent mais pour libérer les mémoires en relation avec le manque d'argent et pouvoir nous sentir en paix en toute circonstance.

Je retire ou j'enlève le bouchon

Cette phrase est conseillée en cas de dépendances car elle nous aide à lâcher tout ce à quoi nous nous accrochons. Si nous avons une forte dépendance envers une personne, nous allons vite constater comment cet attachement nuit à notre relation. Nous croyons que notre bonheur dépend d'elle et, par conséquent, de quelque chose d'extérieur. Dans tous les cas, le problème en question vient des mémoires qui sont à l'intérieur et le premier pas est, comme toujours, d'en prendre la responsabilité.

Ensuite, une seule chose à faire: nettoyer, nettoyer, nettoyer.

Exercice pour les dépendances affectives

«Principe créateur, je suis désolé pour toutes les mémoires qui ont créé ce fort attachement à…, s'il te plait pardonne-moi et aide-moi à libérer toutes ces pensées erronées, merci de les purifier et les corriger. J'aime cette dépendance car je sais que ce n'est que la manifestation des pensées erronées que j'avais par rapport à l'amour. J'accepte leur correction aujourd'hui. Merci.

JE RETIRE LE BOUCHON, JE RETIRE LE BOUCHON, JE RETIRE LE BOUCHON…

Gouttes de rosée

Les alchimistes récoltaient les gouttes de rosée pour leurs travaux alchimiques.

Nous pouvons répéter ces mots pour transmuter en pure lumière dorée tout ce qui nous «plombe» (les peurs, les ressentiments, la colère, la tristesse). Nous sommes tous de véritables alchimistes et c'est par l'amour que l'alchimie se fait toujours à l'intérieur.

Vous pouvez l'utiliser en toute situation. L'exercice qui suit peut compléter le précédent pour améliorer les relations, mais aussi votre santé physique et émotionnelle.

Exercice pour effacer des problèmes de ressentiments

«Divinité intérieure, je demande pardon pour toutes les pensées erronées que je garde à l'intérieur et qui génèrent tous ces ressentiments. Merci de nettoyer toutes les mémoires du passé et libère tous les blocages d'énergie en relation avec tout cela.

Je suis désolé, je demande pardon, je t'aime et je te remercie.

GOUTTES DE ROSÉE, GOUTTES DE ROSÉE, GOUTTES DE ROSÉE…»

Je mets de la lumière

Cette phrase peut être utilisée pour nettoyer toute manifestation soudaine ou pour tout moment de crise. Vous pouvez l'utiliser pour éclaircir et améliorer l'énergie ou l'ambiance dans une situation conflictuelle en projetant de la lumière sur elle.

« Une splendeur de lumière si douce, si pleine du vrai amour... c'est ça qui est là, toujours là, attendant son heure, qu'on veuille bien le laisser entrer..»

Satprem, Mère-L'Espèce Nouvelle

Yeux d'amour

Pour voir tout et tous avec les yeux de Dieu et porter un regard d'amour. Pour éviter les jugements, idées préconçues, vieilles croyances et étiquettes.

Exercice : Je le vois avec des YEUX D'AMOUR

Chaque fois que vous vous surprenez à penser ou émettre un jugement sur quelqu'un ou quelque chose, dites intérieurement :

« Pardon, je rectifie mon regard. **Je regarde avec des YEUX D'AMOUR ».**
Sentez le bienfait que cela vous procure.

FAITES ATTENTION, CET OUTIL PEUT VOUS TRANSFORMER DE FAÇON RADICALE !

Je choisis la paix

Cette phrase nous rappelle que nous sommes ici uniquement pour apporter la paix dans notre vie et, qu'ainsi, tout autour de nous retrouve sa place, son propre rythme et la paix.

Exercice : Choisir la paix

Quand vous êtes en conflit avec une personne, au lieu de rentrer dans la discussion pour vouloir à tout prix avoir raison, rappelez-vous que vous avez le choix.

Que préférez-vous ? Avoir raison ou être en paix.

Je me souviens de qui je suis ou bien le symbole de l'infini

Pour revenir au « JE SUIS », rappelons-nous que nous ne sommes pas nos mémoires, nous sommes des êtres infinis et parfaits. Nous sommes telles des gouttes de pluie qui, dès qu'elles rejoignent l'océan, deviennent l'océan en entier et intègrent son immensité. Se souvenir de cela nous aide à libérer.

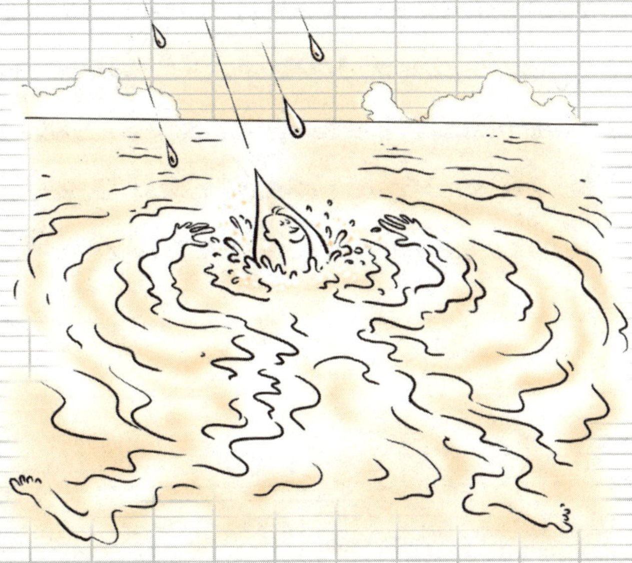

Pourquoi « nettoyer » tout le temps?

Comme nous l'avons déjà expliqué, la réalité est créée par nos pensées, lesquelles sont dirigées par nos mémoires ou programmes inconscients.

Nous croyons prendre nos décisions en toute liberté mais, en réalité, notre mental utilise les données du disque dur, notre subconscient remplit des mémoires pour fonctionner. C'est de cette façon que nous construisons notre réalité en permanence, en répétant sans arrêt les mêmes schémas du passé.

Même si nous coupons le son d'un lecteur de cédéroms, pour ne plus l'entendre, il continuera à tourner encore et encore.

Les mémoires sont en mouvement 24 heures sur 24 et 7 jours sur 7. Même quand il nous semble qu'il ne se passe rien, pendant ce temps, les mémoires sont en pleine activité et ne s'arrêtent jamais. C'est pour cette raison qu'il est nécessaire de nettoyer tout le temps.

Il reflète la même attitude des médecins en Chine où leur véritable fonction est de garder les personnes en bonne santé, plutôt que de les guérir quand ils sont malades. Ho'oponopono nous invite à garder cet état de paix en permanence grâce au nettoyage constant des mémoires du passé.

Comment créer l'automatisme de nettoyer sans arrêt

Tout automatisme se crée par la RÉPÉTITION.

Rappelez-vous, quand nous avons commencé à conduire, il nous fallait penser à tout, l'embrayage, changer les vitesses tout en regardant devant nous, le volant, le frein.

Nous avions l'impression que nous n'y arriverions jamais.

Petit à petit, par la répétition, nous pouvons conduire maintenant de façon automatique.

De la même façon, au début, il va vous paraître fastidieux de toujours répéter les mêmes phrases ou les mêmes mots. Votre mental va même essayer de vous dissuader et vous donnera mille raisons pour ne pas le faire, comme par exemple:

*Est-ce que c'est utile de répéter toujours
les mêmes mots?
C'est trop simple et ça ne peut pas marcher.
Est-ce que je le fais bien?
Mais, quand je dis les mots, à qui je m'adresse?
Je ne vois pas de changements, je le savais,
c'est encore un truc qui ne marche pas.*

Pendant que vous vous poserez toutes ces questions, le nettoyage ne se fera pas et c'est exactement ce qu'il cherche, car il a peur de perdre le contrôle !

Ayez le courage de devenir comme un enfant et continuez de le faire sans vous poser de questions. Donnez-vous cette chance d'au moins l'expérimenter pendant une période de quelques semaines de façon constante et assidue. Votre enfant intérieur finira par suivre votre exemple et continuera automatiquement de le faire pour vous.

Vous êtes en train de créer une nouvelle façon d'être dans la vie et, comme sur le sentier de montagne, vous y arriverez en cheminant chaque jour.

Le premier pas est la prise de responsabilité de tout dans notre vie, comme étant une manifestation de nos mémoires inconscientes.

Le suivant est de lancer le processus en demandant à Dieu (l'Esprit, la Source, le Soi) de les transmuter pour ainsi retrouver la «pureté du coeur».

Grâce à ce nettoyage constant de vos peurs, colères, jugements, ressentiments ou attachements, le chemin sera de plus en plus dégagé et il vous sera de plus en plus facile de vous laisser guider par la sagesse universelle qui est dans votre coeur.

Quelques précisions concernant ces outils déclencheurs

Je tiens à préciser que même si nous sommes conscients de la puissance des mots et de l'énergie qu'ils peuvent apporter, il ne faut pas réduire cette pratique à une simple énonciation de mots ou de phrases à connotation magique.

Le plus important est le changement de conscience que nous sommes en train d'opérer à l'intérieur en devenant des êtres responsables et libres, ayant comme objectif premier la paix intérieure.

Pour cette raison, bien souvent, nous ne pourrons pas mesurer de façon tangible et immédiate les effets de Ho'oponopono, même si parfois nous sommes émerveillés. Mais par contre, après un temps de pratique constante et assidue, nous allons nous rendre compte du chemin parcouru et des changements profonds que nous avons faits à l'intérieur et qui se reflètent aussi à l'extérieur.

Conclusion

Ce petit cahier d'exercices se termine et j'espère qu'il vous a aidé à mettre le pied à l'étrier et à prendre goût à cette nouvelle façon d'être.

Maintenant, c'est la Vie qui prend le relais. Nous ne trouverons pas de meilleur maître, ni d'exercices plus adaptés pour notre évolution que les expériences de notre quotidien.

Ayons le courage et la sagesse de dire OUI au jeu de la vie en accueillant avec amour et bienveillance tout ce qu'elle nous amène!

C'est ce que j'appelle: « Faire la paix avec sa création ».

Et si toutes ces créations de nos mémoires n'étaient qu'une simple illusion?

C'est avec ces phrases que le livre « Un cours en miracles » (Éditions Octave, Helen Schuman) commence :

Rien de réel ne peut être menacé.
Rien d'irréel n'existe.
En cela réside la paix de Dieu

Que la **paix** de Dieu soit dans nos **cœurs** !

Achevé d'imprimer en avril 2016
sur les presses de la Nouvelle Imprimerie Laballery
58500 Clamecy
Dépôt légal : mai 2016
Numéro d'impression : 602319

Imprimé en France

La Nouvelle Imprimerie Laballery est titulaire de la marque Imprim'Vert®